LETTRE

DE

Ch. de Tenper,

A Mme LA B^{ne} DE ***.

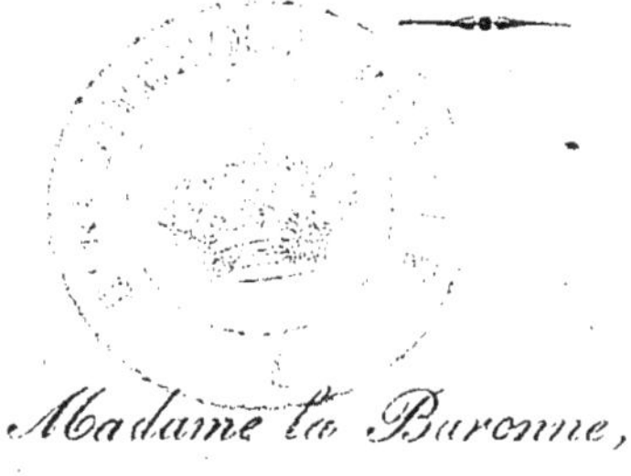

Madame la Baronne,

D'après votre invitation, j'ai lu avec la plus scrupuleuse attention toutes les pièces que vous m'avez remises et qui ont été publiées par, ou au nom de deux prétendus fils de Louis XVI, qui s'y trouvent désignés sous les noms de *Louis-Charles* et de *Charles-Louis*. Voici les réflexions qui naissent naturellement de cet examen sérieux.

Deux individus réclament aujourd'hui le nom de fils de Louis XVI : l'un sortant des prisons de l'Autriche, dans lesquelles il est demeuré *plus de sept ans*, au secret, après avoir fait connaître son origine, et sur lequel on avait saisi, lors de son arrestation, en 1818, *par suite des ordres du gouvernement français*, des papiers de la plus haute importance, qui semblaient appuyer ses prétentions au titre qu'il prenait, et gémissant actuellement sous les verroux, par suite d'une condamnation à *douze années* de détention, pour s'être rendu coupable, dit l'arrêt, de *complot* tendant au renversement du gouvernement en 1830, 1831, 1832 et 1833. Je ne dirai qu'un mot au sujet du procès qui a donné lieu à cet arrêt. Lors qu'après plus de quatorze mois de prévention l'accusé a dit, en pleine audience, *qu'on devait savoir qu'il était le fils de Louis XVI*, ni la Cour ni le gouvernement n'ont pu prouver le contraire, et ils ont encore moins pu faire connaître son origine, ce qui est d'autant plus extraordinaire, que chacun sait qu'aucun individu ne peut être inconnu dans un pays policé, et que, quand on a eu sous la main pendant *plus de sept ans* d'une part, et plus de *quatorze mois* de l'autre, un citoyen quelconque, il est au moins surprenant d'entendre demander, après mille et une investigations, et en présence d'un nombreux auditoire : *Quel est l'homme qui se trouve devant nous? Son nom, sa famille, son pays, ses antécédens, sa vie entière?* surtout quand cet homme a positivement et hautement déclaré qu'il était le fils de Louis XVI et se trouvait en mesure de le prouver.

Voilà, Madame la Baronne, ce que moi et tant d'autres avons pensé, et pour nous cet accusé est réellement le fils de Louis XVI, jusqu'à preuve contraire. Avant ce procès mémorable, nous aurions considéré cet infortuné comme un extravagant ou un fou. ... Depuis, le doute s'est élevé dans notre ame et a provoqué la persuasion... A qui la faute? à la maladresse du gouvernement, qui, tout en obtenant contre lui une condamnation, n'a pu parvenir à prouver que ce fût un imposteur.

J'arrive à l'autre. Avant de pénétrer dans le dédale de faits dénués de vraisemblance et de preuves, et dont la fausseté est pleinement démontrée, je vous ferai observer qu'il est peu généreux de la part de cet adversaire, qui dit et ose tout impunément, appuyé qu'il paraît être par l'autorité qui compte sur son *conseil-rédacteur*, attendu que l'autre ne sait pas un mot de français, d'attaquer continuellement un individu qu'il sait ne pouvoir se défendre dans la position où on l'a mis, et à qui il n'a d'autre reproche à adresser que celui de lui avoir donné publiquement une leçon dont il aurait dû profiter.

J'entre en matière : Les 28, 30 et 31 octobre, 11, 16, 27 et 30 novembre 1834, parurent des écrits signés *Charles-Louis, duc de Normandie.* En 1831, une pétition présentée à la Chambre des Députés par ce même individu et datée de *Crossen* (Silésie), avait été repoussée par un ordre du jour. En 1835, une autre pétition présentée à ladite Chambre, et datée de Paris, a éprouvé le même sort. En la même année 1835, un journal, intitulé *La Justice,* a inséré dans les 62 numéros environ qui ont paru, une foule de lettres, anonymes et autres, des déclarations, rapports, observations, etc. Enfin, plusieurs brochures intitulées : *Le véritable duc de Normandie, ou Réfutation de bien des impostures,* viennent d'être publiées. On reconnaît, à première vue, que tous ces écrits sortent de la même fabrique et sont certainement l'ouvrage de l'intrigant éhonté qui osa se présenter à l'audience du 31 octobre 1834, et dire que les lettres étaient écrites par le prétendu *Charles-Louis,* qui, encore aujourd'hui, ne sait ni lire, ni parler français; lequel intrigant paraît étonné du silence gardé par l'accusé, qui, sachant le rôle qu'il venait jouer, se contenta de le foudroyer par l'observation qu'il fit alors. Ces écrits, dis-je, tendent à établir : 1° *que le fils de Louis XVI s'appelait Charles-Louis;* 2° qu'il n'est point mort au Temple ; 3° qu'il a été soustrait en août 1794 ; 4° qu'il fut conduit sur la tour et caché sous la flèche , dans un réduit obscur par le gardien qui succéda à Simon; 5° qu'il y demeura depuis août 1794 jusqu'au 12 juin 1795 *(environ dix mois)*; 6° qu'il fut enlevé du Temple, dans une malle, le 12 juin 1795; 7° qu'après avoir été conduit chez une dame allemande, puis dans un château sur les bords de la mer, il fut trahi, arrêté, sauvé, embarqué pour l'Amérique, réarrêté en route et ramené en France, sauvé et arrêté de nouveau dans les environs de Strasbourg, encore sauvé, et qu'enfin il arriva en Prusse en 1809; 8° qu'entré dans le régiment de *Schill*, il fut blessé, conduit dans un hôpital , puis retourna en Prusse, où il fut arrêté et relâché; 9° qu'en décembre 1812 il a obtenu le droit de bourgeoisie à *Spandaw*; 10° que depuis ce tems, il a fait ses réclamations aux souverains étrangers et à sa famille ; 11° qu'il est rentré en France en 1833 ; 12° qu'il a été assassiné le 28 janvier 1834, sur la place du Carrousel, au moment où il sortait de dîner; 13° qu'il est le seul fils de Louis XVI, et que tous ceux qui ont paru jusqu'à ce jour sont des imposteurs évidemment poussés par les différens gouvernemens pour lui ravir son nom; 14° et enfin, qu'il a fait notifier et signifier à qui de droit une requête en reconnaissance d'État.

Je vais tâcher de classer mes observations d'après la nomenclature ci-dessus : 1° Ce prétendant publie, en octobre 1834, et soutient que le fils de Louis XVI s'appelle *Charles-Louis* et non *Louis-Charles* (Voir les lettres des 31 octobre et 11 novembre 1834 , ainsi que la pétition aux Chambres en 1835). Il excipe de l'extrait de naissance du 27 mars 1785... Vérification faite il se trouve que *le fils de Louis XVI s'appelle réellement Louis-Charles, et ne s'est, ni n'a pu s'appeler autrement , par la raison toute simple qu'ayant été classé dans la nomenclature des rois de France sous le nom de Louis XVII , il devait nécessairement porter pour premier prénom, celui de Louis et non celui de Charles, car, dans ce dernier cas, il n'eût pu porter le nom de Louis XVII, mais bien celui de Charles X...* Agir autrement, c'était renverser d'un seul coup tout l'ordre chronologique de la monarchie... Si donc le fils de Louis XVI a été désigné sous le titre de *Louis XVII*, il devait de toute nécessité s'appeler *Louis-Charles* et non *Charles-Louis...* Cette bévue ne pouvait être faite que par un homme étranger à la France et à tous les usages des monarchies, et par conséquent par un individu qui n'avait ni ouï, ni porté ce nom dans son enfance ni dans sa jeunesse, et qui s'en est affublé, soit de lui-même, soit à l'instigation d'intrigans qui, trouvant en lui un homme sans aucune espèce de moyens et de scrupules, ont cherché à lui apprendre un rôle pour faire des dupes et en profiter.

Je vous avoue, Madame la Baronne, qu'après une pareille erreur, il me répugne de passer outre... Il n'y a plus de mérite à dévoiler les turpitudes d'idiots qui débutent d'une manière si maladroite... Le Français le plus ignare eût évité de commettre une faute aussi grossière. Si donc je continue mes observations, ce n'est que pour éclairer les personnes de bonne foi qui cherchent sincèrement la vérité et qui sont dignes de l'entendre.

Ce prétendant, rentré en France, en 1833, ne savait pas un mot de français, et on a dit, pour justifier cette ignorance, tout-à-fait incroyable, que son séjour dans le régiment de *Schill* et en Prusse, lui avait fait oublier sa langue natale... Quoi! cet individu qui est demeuré en France jusqu'en 1809, soit libre, soit dans les prisons, d'après ce qu'il dit, où il a dû toujours parler et entendre parler français, sort de France, à l'âge de 24 ans, et oublie sa langue dans moins de temps, de manière à n'en pas comprendre un seul mot!! Où a-t-on jamais vu chose pareille? Le plus stupide habitant des montagnes rougirait, si semblable reproche lui était adressé. Que dire alors de celui qui se prétend exclusivement le fils de Louis XVI, prince qui, d'après tous les renseignemens, s'exprimait si bien dans son enfance? c'est se moquer que de venir nous débiter de telles billevésées!!!

Dans le premier rapport d'un certain M. de St. D. qui paraît être le moteur de toute cette intrigue de bas étage, pour ne rien dire de plus, on voit que ce prétendant est marié, qu'il a des enfans, et que la duchesse d'Angoulême, entendant parler pour la première fois du mariage de ce prétendu frère, fit une exclamation qui aurait certainement rebuté tout autre que M. de St. D. ; mais cet agent ne recule pas devant si peu de chose et ne saurait sentir ni les conséquences, ni la portée d'une telle exclamation; ce qui le prouve, c'est la suite de son rapport. Pour le mettre à même de bien apprécier toute la valeur de cette marque d'étonnement de la part de la duchesse d'Angoulême, je vais faire passer sous ses yeux une petite partie des inconvéniens qui résultent de la position de ce prétendant par suite de son mariage.

Les princes, en général, et surtout les chefs de dynastie, quel que soit l'état dans lequel ils se trouvent, ne peuvent contracter mariage sans remplir certaines formalités indispensables. Pour le valider et assurer l'état des enfans qui en naissent, ils doivent notifier cet acte à tous les souverains, ainsi qu'aux princes de leur famille: cet acte, dis-je, qui doit nécessairement contenir leurs noms, prénoms, qualités, etc., ceux de l'épouse, etc., est déposé ensuite dans les archives du royaume, afin qu'on puisse y avoir recours au besoin... Suivent les autres formalités, etc. Voyons maintenant ce qui s'est passé. Ce prétendu fils de Louis XVI s'est marié! à quelle époque? où? sous quels noms? avec qui? qui a assisté à la confection de l'acte? à qui a-t-il été notifié? où et quand a-t-il été publié? Les souverains étrangers et la famille de ce prétendu fils de Louis XVI n'ont jamais entendu parler de ce mariage, et c'est en 1834 que Madame la duchesse d'Angoulême en reçoit la première nouvelle, elle qui a vu son frère en 1816, à Saint-Cloud, qui lui a parlé, qui ne l'a pas méconnu, et qui n'a pu oublier leur entretien animé, lequel a dû laisser dans son âme des traces ineffaçables! Quoi! encore, on aurait vu un fils de roi, roi lui-même, contracter mariage en

pays étranger, sous des noms supposés, avec une femme de
la dernière extraction, et ce, sans en avoir donné avis aux
monarques et aux siens !!! Le fils de Louis XVI se serait ou-
blié jusque-là! Il aurait sauté à pieds joints sur tous les ob-
stacles qui devaient naturellement s'opposer à ce qu'il commît
une action aussi honteuse!! Il n'a pas réfléchi aux conséquences
de cette monstruosité! Pouvait-il ignorer, lui, que cet acte
étant nul sous tous les rapports, frappait sa postérité d'illégi-
timité et d'incapacité, et qu'elle ne pouvait, par ce seul fait,
recueillir jamais son héritage? Et on ose à la face du monde
étaler de pareilles turpitudes! On en fait même trophée! Et
l'on soutient, sans pâlir, que l'homme qui s'est déshonoré à
ce point est le fils de Louis XVI! du descendant de tant de
rois qui, malgré les écarts de quelques-uns d'entre eux, ont
toujours eu un si saint respect pour les convenances! Arrière,
impudens? Jamais les rois de France ne furent des faussaires,
et le fils de Louis XVI n'aurait pu consentir à se mettre au-
dessous de la brute, en s'affranchissant des usages et coutu-
mes sacrés et passés en force de choses depuis tant de siè-
cles... Non, Madame la Baronne, le fils de Louis XVI n'a
jamais contracté, ni pu contracter un engagement aussi abo-
minable... Je ne consulte que mon cœur pour en être convaincu... Le fils de Louis XVI savait trop ce qu'il se devait à
lui-même, à sa gloire, à son honneur, aux vertus de ses pères,
à la noble nation au milieu de laquelle il est né, à sa famille
et aux souverains du monde, pour s'avilir en souscrivant des
actes évidemment faux... Dans l'opulence, comme dans la mi-
sère, sous les lambris dorés des palais royaux, comme sous
le chaume, dans les camps, comme dans les temples, dans
l'exil, comme dans sa patrie, aucune considération ne l'eût
engagé à commettre une bassesse. Nous tous qui avons des
cœurs français, en sommes garants, et nous disons unanime-
ment que l'émissaire qui osa déclarer à Madame la duchesse
d'Angoulême que son frère était marié, EN A MENTI, et que
dans cette circonstance, comme dans toutes celles qui précè-

dent ou suivent, il a rempli le rôle ignoble de ... Je laisse à sa conscience, s'il en a une, le soin de le qualifier.

Une autre réflexion : En Prusse, comme ailleurs, nul ne peut contracter mariage sans remplir les formalités rigoureusement prescrites par les lois du pays, ni se dispenser de produire les titres sans lesquels nulle alliance n'a lieu et n'est valide... Si donc ce prétendant s'est marié en Prusse, comme cela paraît prouvé, il a dû fournir toutes les pièces requises en pareil cas, et ce n'est qu'au vu d'icelles et après en avoir reconnu l'authenticité qu'on aura passé outre. On ne prétendra sans doute pas encore qu'on l'a marié malgré lui, puisqu'il a signé et n'a pas protesté. Qu'on nous dise maintenant sous quel nom ce prétendu fils de Louis XVI s'est marié, comment il a signé, et enfin qui a assisté à la confection de l'acte et aux autres cérémonies ? Il en doit être de même du côté de l'épouse, etc., etc. Dès lors, s'il est établi que l'acte n'est pas fait et signé par et au nom de *Louis-Charles de Bourbon*, etc., etc., il ne saurait concerner ce prince; et celui qui a signé un tel acte, n'est et ne peut être le fils de Louis XVI, mais bien réellement l'individu dont il a pris et signé le nom, parce qu'il a dû prouver avant tout que c'était le sien. La conséquence est rigoureuse et détruit tout l'échafaudage d'impostures sur lequel on bâtit à grands frais des contes plus absurdes et plus ridicules les uns que les autres... Toutes les objections tombent devant cet axiôme : *Le fils de Louis XVI ne pouvait ni s'avilir, ni se déshonorer...* Donc c'est une atroce calomnie, et celui qui s'est déshonoré et avili est un imposteur et non le fils du Roi-Martyr...

Enfin, sous quels noms ont été baptisés ses enfans ? Quelles déclarations a-t-il faites pour légitimer leur progéniture ? Où ? à quelle époque ? devant quelle autorité ? où sont les preuves ?

Passons au deuxième rapport de ce même M. de St. D. Il faut avoir un front d'airain pour oser se présenter de nouveau devant une princesse à qui le roi de Prusse, d'après les renseignemens qu'elle lui avait demandés sur l'individu qui se disait son frère et avoir habité ses états depuis 1809 jusqu'en 1833, venait de répondre : « *Ce prétendu fils de Louis XVI* » *est un certain Charles-Guillaume Naündorff, natif de* » *Crossen (Silésie), horloger de profession; c'est un fou, et* » *c'est en considération du dérangement de son cerveau* » *qu'il a été traité avec beaucoup moins de rigueur dans le* » *jugement rendu contre lui.* » Cette démarche de Madame d'Angoulême, prouve du reste suffisamment, *qu'elle sait que son frère est vivant,* puisqu'elle s'adresse au roi de Prusse pour en obtenir des informations au sujet de celui qu'on lui présente comme tel... Voilà, Madame la Baronne, ce que je relève dans ce deuxième rapport de M. de St. D. et dans le n° 23, du 30 mars 1835, du journal *La Justice.* Et l'on ne frémit pas en entendant de telles infamies!! et l'on ose nous présenter comme fils de Louis XVI un malfaiteur qui se serait d'abord *déshonoré par une alliance monstrueuse, contractée clandestinement sous de faux noms et de fausses qualités, et qui ensuite a été flétri par une condamnation non politique!!* Et M. de St. D. et ses acolytes, qui savent tout cela, ne rougissent pas de vouloir à toute force faire passer un tel misérable pour le fils de Louis XVI! d'engager la duchesse d'Angoulême et Charles X à le recevoir comme un membre de leur illustre famille, les souverains, comme un de leurs égaux, et notre belle France, comme un de ses enfans! horreur!! Et ceux qui le produisent osent se plaindre de tout le monde, de la duchesse d'Angoulême, de Charles X, du roi de Prusse, des royalistes, de tous ceux qui repoussent justement un homme couvert d'ignominie!!! Dira-t-on que ces renseignemens sont inexacts, et que le roi de Prusse cherche à surprendre la religion de la duchesse d'Angoulême? etc., etc. *Mais on ne contredit pas même ces renseignemens! On soutient seulement qu'ils concernent le fils de Louis XVI, à qui on donne un nom qui n'est pas le sien!!!* Nous répondons : 1° La déclaration du roi de Prusse ne peut être suspecte; il n'a nul intérêt à tromper la duchesse d'Angoulême, sa famille, la France et le reste de l'Europe ; il ne peut avoir aucun motif de haine contre celui qui se dit aujourd'hui le fils de Louis XVI, ni contre Naündorff; 2° Dans les circonstances où ce monarque s'est trouvé et se trouve encore aujourd'hui, tout le porterait, au contraire, à venir au secours d'un prince malheureux et à l'assister de toutes ses forces pour que justice lui fût rendue ; 3° Si, comme le prétend l'auteur de la lettre anonyme du 9 avril 1835 (n° 33 du journal *La Justice*), ce prétendu fils de Louis XVI était connu du roi de Prusse, qui lui fit soi-disant accorder le droit de bourgeoisie, le 18 décembre 1812, à *Spandaw*, sous le nom de *Charles-Guillaume Naündorff*, pourquoi ce roi qui était dans ce moment en guerre ouverte avec la France et devait tout craindre des suites de sa défection, n'aurait-il pas profité de cette occasion unique pour apporter cet otage qui devenait précieux entre ses mains et pouvait faire tant de mal à son ennemi? 4° Pourquoi le roi de Prusse, au lieu de le produire ostensiblement, ne fût-ce que comme prétexte, et de l'introduire publiquement dans les conseils des souverains coalisés, qui comptèrent depuis deux illustres généraux français dans leurs rangs, saisit-il au contraire ce moment *pour dissimuler l'existence du fils de Louis XVI, et l'enfouir dans une obscurité dont on espérait qu'il ne pourrait jamais sortir.* Où était l'avantage? 5° Cette conduite, si extraordinaire de la part du roi de Prusse, peut-elle se justifier par un acte quelconque? Pourquoi alors n'en pas parler? 6° Il faudrait supposer dans ce roi bien peu de générosité d'une part, et de l'autre, bien peu de connaissance de ses vrais intérêts pour qu'il ait pu tenir une pareille conduite à l'égard d'un homme qu'il aurait cru fils de Louis XVI, en supposant même qu'il eût des motifs graves de lui en vouloir, ce qu'on se garde bien de dire. Or, nul n'ignore que le roi de Prusse a su dans tous les tems, employer utilement tous les matériaux à sa disposition pour combattre ses ennemis, et qu'il n'eût certainement pas négligé celui qui lui était le plus avantageux... Enfin, toute l'Europe s'accorde à convenir que le roi de Prusse est un honnête homme, ce qui signifie qu'il est incapable de commettre une action aussi lâche que celle qu'on lui prête si gratuitement. Dans ce cas, ceux qui l'accusent sont des calomniateurs qui, à l'aide de ce moyen, prétendent faire passer leur faussaire et en profiter plus tard. Il y a mieux, pourquoi ce prétendu fils de Louis XVI à qui on donnait, d'après l'anonyme, un nom malgré lui, ainsi que le droit de bourgeoisie, se laisse-t-il imposer ce nom sans mot dire, et prête-t-il en outre serment de fidélité comme sujet le 18 décembre? Pourquoi n'a-t-il pas hautement protesté alors contre la conduite du roi de Prusse, et ne s'est-il pas présenté lui-même aux alliés pour réclamer leur puissante intervention et leur appui tant contre l'oppression dudit roi de Prusse que contre celle des siens et de celui qui régnait en France? Je devrais finir ici cette lettre, Madame la Baronne, car, après avoir prouvé que ce prétendu fils de Louis XVI est un ignorant, un faussaire et un homme flétri et déshonoré, il me semblait que cela devait suffire pour dégoûter tous les hommes de bien et les éloigner d'un sujet pareil et de ceux qui le produisent, lesquels ne méritent que notre mépris; cependant, pour mieux vous convaincre de l'imposture, je vais mettre sous vos yeux quelques-unes des prétendues preuves sur lesquelles ils s'appuyent pour jouer cette farce pitoyable. Au sortir du Temple, après avoir passé *dix mois entiers* sous la flèche de la tour, sans meubles, lit, nourriture, soins, etc. (puisque le gardien qui l'avait placé dans ce réduit dut être nécessairement éloigné et même arrêté quelques jours après, et qu'on ne peut deviner comment il a pu recevoir des secours et des vivres, attendu que personne n'a pu savoir qu'il était là, à moins que le ciel ne lui ait envoyé quelque corbeau), on le voit arriver, après son évasion du Temple, chez une Allemande, dont on se garde bien de dire le nom; puis sortir de Paris, se retirer dans un château sur le bord de la mer, s'embarquer pour l'Amérique, arrêté en route, ramené en France, sauvé, réarrêté, sauvé encore, et enfin arrivé en Prusse en

1809, à l'âge d'environ 24 ou 25 ans... De tout cela pas une seule preuve, un nom, un local... Dans des cas pareils tout doit être connu... *puisqu'il est le seul vrai fils de Louis XVI* personne ne peut se trouver compromis aujourd'hui... *Nul n'a intérêt à lui ravir son nom... Il n'y a plus là le roi de Prusse, et les intrigans sont démasqués et punis...* Le champ est donc libre... alors pourquoi nous tenir dans le vague et citer des faits faux, pillés en partie dans des manuscrits ou brochures, ou des déclarations emphatiques dont la fausseté est notoire? En voulez-vous une preuve? Ouvrez la déposition d'une dame G... D..., du 26 mars 1835, n° 21 du journal *La Justice*, vous y lirez : *que cette dame s'est introduite au Temple sous les habits de sergent de la garde nationale,* chose absolument impossible dans ce temps et dans ce lieu. *Qu'elle assiste la nuit à une opération,* qui n'a pas été faite; *qu'elle pénètre nuitamment dans la chambre de l'enfant,* tandis que c'était sévèrement défendu et qu'on n'y admettait que les municipaux et les membres des comités du gouvernement; *qu'elle voit, en mars 1794, donner au front de l'enfant, un coup de serviette par Simon,* qui n'y était plus depuis le 21 ou 22 janvier précédent; *qu'elle voit le prince se faire une blessure, en mars 1794, au bas de la tour,* où il n'était pas descendu depuis le 3 juillet 1793. *Qu'elle remet en 1795, à Michonis, un livre pour le prince,* tandis que ce Michonis n'existait plus, ou ne pouvait plus entrer au Temple depuis la fin de 1793. Et le procès de *Lepître, Toulan* et autres!!! Il en est à peu près de même de toutes les déclarations et dépositions sur lesquelles on a l'air de s'appuyer.

Que dire de la prétendue remise , en 1794, *par la Reine à Toulan, de la bague et de la montre de Louis XVI, pour être portées au Comte de Provence, lesquelles montre et bague ont servi plus tard?* fait absurde et d'autant plus absurde QUE LA REINE ET TOULAN ÉTAIENT MORTS EN 1793 !!!

Faudra-t-il vous parler des lettres de ce prétendant à *Louis-Philippe?* Il suffit de les lire, n°ˢ 18 et 19 des 25 mars et

5 avril 1835, du journal *La Justice;* il est parlé d'opérations, de vésicatoires, de blessures, de hasard, de la remise de l'enfant à une dame qui le pansa, etc., de laisser toute latitude et toute liberté pour faire valoir ses droits; qu'il ne sait à qui se fier, etc., etc.: c'est d'un ridicule achevé... ainsi des autres... Vous dirai-je un mot de ses abdications? Elles sont bien plus ridicules encore. Il paraît qu'elles n'ont été faites que pour satisfaire ou attirer à soi tout le parti légitimiste soi-disant. Eh bien! ces niaiseries ont été en pure perte, car on a compris, dès l'abord, *que nul ne peut abdiquer un pouvoir qu'il n'a pas*, et on en a été pour la honte de tels actes... Mais pour ces gens là un peu plus ou moins de boue est indifférent.

Vous parlerai-je de la visite à Lasne? Le Fils de Louis XVI se serait bien gardé de se présenter chez un vieillard irascible et stupide qui ne l'avait jamais vu et qui ne pouvait, comme il l'a fait à l'audience du 30 octobre 1834, que dire des mensonges qui sont reconnus tels à la seule lecture des Moniteurs de ce tems, pièces officielles et qu'il a été impossible de dénaturer et de démentir...

Vous ferai-je assister à la mise dans un chapeau, entre le feutre et la doublure, d'un objet quelconque, par madame *Elisabeth, en présence de son neveu seul*, après la mort de la reine, ou depuis son départ du Temple, le 3 juillet 1793, *tandis qu'il est prouvé que depuis le 1er juillet 1793, jusqu'à l'époque de sa mort, cette princesse n'a revu son neveu qu'en octobre 1793, lors de la confrontation, et ce, en présence des officiers municipaux et autres*, ce qui prouve l'impossibilité matérielle du fait, et par conséquent sa fausseté?

Que penser de la prétendue cachette des Tuileries, du prétendu saint-esprit à la cuisse gauche, et qu'on voulait enlever, soi-disant *par ordre du Comité de salut public;* des prétendus essais de défigurage et de monacaillerie, du prétendu embarquement et de la prétendue arrestation en mer, etc., toutes choses puisées dans le manuscrit de *Mathurin Bruneau*, fait à Rouen en 1816 ou 1817?

Que vous semble du prétendu assassinat du 28 janvier 1834, sur la place du Carrousel, au moment précisément où il y a plus d'allans et de venans, où les voitures publiques et particulières se succèdent en foule, où il se trouve, en outre, plusieurs corps de garde, sans compter l'armée qui stationne au château? Ce serait le cas de demander qui l'a secouru, relevé, ramassé, emporté? Pourquoi ne l'a-t-on pas tout de suite déposé dans l'un des deux corps de garde, suivant l'usage? Où l'a-t-on porté? Blessé de six coups de poignard, on a dû naturellement lui demander qui l'avait mis dans cet état, son nom, son domicile; il y a toujours des commissaires ou des agens de police sur cette place, et les questions sur le fait et l'individu eussent été faites; s'il ne parlait pas comment ne l'a-t-on pas mis provisoirement dans un lieu public? etc., etc.? Rien de tout cela, personne n'a entendu parler de ce prétendu assassinat, ce qui prouve qu'il n'a pas eu lieu.

Vous donnerai-je le détail de toutes les autres niaiseries contenues dans la correspondance anonyme ds ce journal, et surtout des prétendus papiers authentiques remis à *Lecoq*, à Berlin, par ce prétendu fils de Louis XVI, sortant des prisons de France, *où on avait eu, sans doute, le soin de lui tout enlever?* De pièces confiées à un Français qui n'existe pas? De celles envoyées on ne sait où, et enfin des papiers qu'il possédait en rentrant en France, en 1833, et qu'il nomma *pièces de conviction?* Il paraît qu'il en avait une fabrique; ce ne serait pas étonnant, car on a vu qu'il est à peu peu près coutumier du fait, *ayant été condamné pour faux...*

Que dire encore d'un homme qui, à l'âge de 49 ans, ne sait pas même son nom, et qui après avoir passé en France les vingt-quatre premières années de sa vie, en ignore les usages et jusqu'à l'idiôme?

Enfin, Madame la Baronne, le prétendu Fils de Louis XVI,

qui prétend se nommer *Charles-Louis*, et qui traite d'imposteurs tous ceux qui ont paru, précisément parce qu'ils prenaient les noms de *Louis-Charles*, commence cependant son acte de signification en reconnaissance d'état par ces noms : *Louis-Charles* de Bourbon, etc. Pourquoi ce changement? C'est qu'il s'est aperçu un peu tard que l'extrait de naissance du Fils de Louis XVI porte textuellement *Louis-Charles*, etc. Vous croyez qu'il sera embarrassé d'expliquer cette bévue de sa part; vous le connaissez mal ainsi que le chef de son conseil, ou vous n'avez pas tout lu ! Ouvrez les dernières brochures et vous verrez dans la première page, n° 1, (par note n° 1), ces mots : L'ACTE CIVIL PORTE TEXTUELLEMENT CETTE ALTERNATIVE : *Louis-Charles* ou *Charles-Louis...* Jamais le cynisme de l'impudence n'a été poussé si loin ! Pour justifier une sottise, on en fait une plus grande ! Il faut compter sur la crédulité de gens qu'on considère sans doute comme bien stupides, pour oser avancer publiquement une telle absurdité ! Je ne dirai qu'un seul mot pour détruire cette nouvelle imposture: non seulement l'acte de naissance du Fils de Louis XVI ne dit pas cela, mais encore *on ne le trouve dans l'acte de naissance d'aucun individu sur la terre,* par la raison toute simple que cela ne se peut; *que chaque individu a un nom certain et non douteux;* que s'il en était autrement, on ne s'y reconnaîtrait plus, et que les lois de tous les pays le défendent positivement sous des peines justement sévères.

Je m'arrête, Madame la Baronne, je vous demande pardon d'avoir osé moi-même vous ennuyer si long-temps par l'examen de niaiseries qui donnent des nausées à toutes les personnes de bon sens. J'espère que vous ne verrez dans la longueur de cette lettre que les scrupules d'une âme honnête qui a voulu tout voir et tout dire avec sa franchise ordinaire, et qu'on me saura gré d'avoir ouvert les yeux à ceux qui vivaient dans les ténèbres.

J'ai l'honneur d'être, avec respect,

Madame la Baronne,

Votre très humble serviteur,

Ch. De Tenper.

PARIS, — IMPRIMERIE DE L. E. HERHAN, RUE SAINT-DENIS, N° 380.

2ᵐᵉ LETTRE

DE

Ch. De Tenper,

À Mᵐᵉ la Baronne de ***.

MADAME LA BARONNE,

Calomnions, il en restera toujours quelque chose. Tel est le système adopté depuis 1830 et suivi avec une persistance rare.

Pour la deuxième et dernière fois, je mets la main à la plume pour réfuter les absurdités de *Naündorff* et dévoiler ses turpitudes. J'espère qu'à l'avenir vous aurez la bonté de m'épargner l'ennui de m'occuper davantage d'un misérable dont l'impudence révolte et ne saurait inspirer que le dégoût.

Voici donc le résultat de mes observations sur les dernières publications que vous m'avez expédiées.

1° Le petit opuscule ayant pour titre : *La Croix de grâce*, ouvrage qu'on dirait inspiré par la démence, est le produit de la ruse la plus diabolique ; il n'a pour but que de surprendre la bonne foi des hommes religieux et de les attirer dans un des guêpiers de la police.

2° L'écrit du 18 juin 1836, dans lequel les signataires

affublent, de leur autorité privée, leur *Naündorff* de la particule *de*, n'est que ridicule.

3° La lettre à *Louis-Philippe*, du 28 juin suivant, ne serait qu'une platitude, si elle n'avait été suscitée pour avoir occasion de lui faire donner son titre de roi par un prétendant quel qu'il soit.

4° La brochure intitulée : *La vie du véritable fils de Louis XVI écrite par lui-même*, ne peut avoir été faite par *Naündorff*, qui sait à peine quelques mots de français, qu'il prononce avec un accent germanique tout particulier; ensuite elle ne contient que des faits généraux ignorés de peu de personnes... Tout le monde devine où l'on a pris ces renseignemens : il est évident que c'est la police qui dirige cette intrigue : recrutée parmi les coryphées de l'ancien et du nouveau régimes, cette police a facilement obtenu du laisser-aller de ceux qui, par leurs fonctions et leurs positions de 1780 à 1836, ont vu et entendu tout ce qui s'est fait et dit, les notices dont elle avait besoin, et c'est par ce moyen qu'on a pu faire insérer dans cette brochure des faits historiques et à la portée de chacun. Mais il a été impossible à *Naündorff* de reproduire d'autres faits, parce qu'ils ne sont connus que de ceux à qui ils sont particuliers; aussi il reste muet quand on l'interpelle à ce sujet, ou bien il se renferme dans ces mots superbes : *Il est au-dessous de ma dignité de répondre à des questions.* C'est bientôt fait, surtout quand on n'a rien de bon à dire.

C'est ainsi, par exemple, que dans sa brochure, *Naündorff* ne dit pas un mot des lieux où on l'a transporté à sa sortie du Temple, quel nom il prit alors, où il fut embarqué, où arrêté, dans quelles prisons on le forçait à ne parler qu'allemand, ne fût-ce que pour donner à ses lecteurs le moyen de s'assurer si les concierges savaient au moins cette langue; sous quel nom il est entré dans le régiment de *Schill*; quel est celui qu'il portait avant de s'être laissé affubler de celui de *Naündorff* qu'il prétend n'être pas le sien, et enfin où sont les protestations qu'il a dû faire contre toutes les violences dont il annonce avoir été la victime. Il n'y a plus de mutisme possible, il faut des preuves positives et authentiques ; ses soutiens ne sont pas, je pense, assez stupides pour croire qu'on va prendre leur ours dans un sac. La France doit tout savoir pour prononcer avec connaissance de cause ; à moins qu'on ne réserve ces particularités pour l'audience civile : dans ce cas, je crains bien le renvoi aux calendes grecques!!

Après avoir osé soutenir qu'il était le prisonnier de *Milan*, *Naïndorff* refuse de donner sur cette ville, les prisons, les employés et les autorités, les renseignemens qui lui sont demandés par une personne qui est à même d'apprécier la vérité ou la fausseté de ses réponses. Pris dans le piège, il garde le silence. Ses acolytes n'avaient pu le mettre au courant. Voilà la véritable cause de ce silence. En a-t-il été ainsi, lorsqu'en pleine audience, on a interrogé *le vrai prisonnier du Temple et de Milan*?

Naïndorff se trouvant un jour avec une de ses dupes, lui demanda s'il connaissait les noms de quelques-uns des conventionnels ou commissaires influens qui avaient figuré au Temple et ailleurs ; cet homme lui désigna *Tronchet*. *Naïndorff* répondit que ce nom lui était absolument inconnu, ce qui excita au plus haut point l'étonnement de ce brave homme, qui, après avoir répété plusieurs fois ce nom et reçu la même réponse, fut dès-lors intimement convaincu que *Naïndorff* n'était qu'un intrigant et un imposteur.

Le fils de Louis XVI a été élevé avec quelques enfans de son âge, dont l'un, fils d'un noble seigneur, est encore vivant ; il a visité *Naïndorff* et l'a interpellé sur plusieurs circonstances qui n'étaient connues que du visiteur et du dauphin ; nouveau silence de la part de *Naïndorff*... On n'avait pu le renseigner à cet égard, parce que le noble marquis n'a confié ses secrets à personne, et qu'ils ne sont connus que de lui et du véritable fils de Louis XVI.

5 Dans la brochure intitulée : *Motifs de conviction sur l'existence du duc de Normandie*, par MM. Gruau et Laprade, 1836, on lit, page 18 : *Qu'un baron de Richemont est mis en avant par les factions aussitôt que le bruit s'est répandu que le duc de Normandie va porter sa réclamation devant les tribunaux, etc.*

Richemont, arrêté en 1818 en Italie, *a déclaré et prouvé alors qu'il était le fils de Louis XVI;* après une détention *de plus de sept ans, à Milan, au secret,* il a été rendu à la liberté et il est en France depuis 1826, où il n'a cessé de faire des démarches pour se faire reconnaître... Tous ces faits sont historiques et positifs. On n'a entendu parler de *Naündorff* nulle part avant 1831, il n'a paru en France qu'en 1833 ; donc.....

Page 19 : *L'incident soulevé par l'apparition de Morel de Saint-Didier, donne lieu à des dépositions de témoins qui affirment énergiquement croire à l'existence du dauphin, et que ce dauphin n'est pas le prévenu. Richemont, stupéfait, balbutie quelques niaiseries,* etc.

Ces Messieurs ne sont pas dans le vrai, et pour le prouver il n'y a qu'à compulser les débats et les journaux. Lorsque *Morel de Saint-Didier* se présenta à l'audience de la cour d'assises le 31 octobre 1834, et après lecture du procès-verbal des faits le concernant, *Richemont* se levant, prononça ces mots remarquables : *Lorsqu'un citoyen quelconque réclame un nom, il doit au moins le connaître ; le fils de Louis XVI s'appelle Louis-Charles et non Charles-Louis...* Certes, je ne vois rien là qui sente la niaiserie.

Ce n'est pas ce jour-là que s'est passé le fait cité, et des témoins n'ont pas dit ce qu'on leur prête. A l'audience du 4 novembre, Me *Briquet seul,* dans sa réplique pour son client, dit : *Qu'il était persuadé que le fils de Louis XVI n'était pas mort au Temple;* mais rien de plus. *Richemont* ne dit pas un mot alors.

Pages 19 et 20. *Richemont est condamné, non pour s'être*

mensongèrement qualifié de duc de Normandie, mais pour des causes infamantes, etc.

Sans m'élever autrement dans ce moment contre tout ce que présentent d'indélicat, pour ne rien dire de plus, les attaques indécentes dirigées par les signataires de cette brochure contre un proscrit qu'ils savent dans l'impossibilité de riposter comme ils le méritent, attaques qui prouvent, du reste, combien Richemont est redoutable pour eux et leur intrus, je me contenterai de leur répondre qu'ils sont dans l'erreur. *La condamnation qui a frappé Richemont fut toute politique;* il est facile de s'en convaincre en lisant l'arrêt, et même les journaux de l'époque : on verra *qu'il fut condamné pour avoir fait un complot à lui tout seul et pour délits de presse.....* Je conviens que ce sont là des causes infamantes aux yeux de certains hommes, mais à ceux des autres ! !

Puisque nous en sommes sur le chapitre des condamnations, *Naündorff,* qui fut d'abord accusé du crime *d'incendie,* puis condamné en Prusse, sa patrie, pour autre crime de *fausse monnaie,* voudrait-il nous dire comment on a pu le frapper sans cause ? Or voici comment cherchent à le justifier les écrivains de la susdite brochure : ils trouvent tout naturel d'insulter d'abord gravement le roi de Prusse, ensuite *de dénaturer les faits et de substituer des considérans postiches au vrai dispositif de la sentence rendue contre lui.* Qui prétend-on tromper aujourd'hui ? Ce n'est pas à coup sûr le gouvernement français.... Ces messieurs se plaignent du secret auquel *Naündorff* fut assujetti alors; mais dans les états du Nord, tous les prisonniers sont traités de la même manière, témoin celui de *Milan,* qui y est resté *plus de sept ans,* et qui, cependant, n'était accusé d'aucun crime ni délit.

D'un autre côté, il est notoire que les arrêts de la justice, en Prusse, comme dans les autres états allemands, sont empreints de cet esprit d'équité et de douceur qui préside à toutes les sentences rendues dans ces pays. Les magistrats n'avaient et ne pouvaient avoir aucun motif de haine contre

Naündorff, qui ne prit alors, et pour la première fois seulement, le titre de prince, que pour essayer de se soustraire au châtiment qu'il avait mérité, et encore cette ridicule démarche, loin d'aggraver sa position, fut un des motifs allégués par les juges mêmes pour atténuer la rigueur de sa peine, parce qu'ils le considérèrent dès-lors comme atteint d'aliénation mentale, et ne prononcèrent qu'une peine minime, malgré la gravité du crime bien constaté, avéré et prouvé. Libre aux signataires de la brochure d'ignorer cela, *de faire pendre des témoins qui ont dit ce qu'ils ont vu, de maudire des magistrats qui n'ont prononcé que sur des preuves positives* (comme c'est l'usage dans tout le Nord, où l'on ne condamne jamais sur des indices), et de calomnier roi, gouvernement, sénat, etc., qui n'ont pu s'entendre pour opprimer un innocent, par la raison péremptoire *qu'ils n'y avaient aucun intérêt*, et puisque *Naündorff* a été condamné, *c'est qu'il était réellement coupable de ce dont il fut accusé....*

Qu'on cesse donc de recourir à des moyens honteux pour atténuer l'infamie dont est couvert l'homme qui se dit aussi impudemment le véritable fils de Louis XVI ! Qu'on se voile la face et qu'on se cache ! car à moins d'être attaché à la police, il est impossible de soutenir sérieusement un homme flétri et déshonoré ; ce serait trop avilissant pour ces messieurs, et je préfère les classer au nombre des dupes.

Que résulte-t-il de toutes les attaques continuellement dirigées contre *Richemont?* On va le voir et ouvrir enfin les yeux.

En 1833, *Richemont*, bien connu du gouvernement français, se disposait à saisir régulièrement les tribunaux de sa demande en reconnaissance d'état ; il fallait à tout prix lui opposer un intrus... Où le prendre? Nul, en France, n'eût voulu se charger d'un rôle aussi hideux.....

Naündorff arriva précisément dans ce moment, on s'aperçut de suite que c'était là un excellent gibier de police, et il fut initié ; de là son apparition et les suites qu'elle eut.

La comédie avait commencé par la dénonciation de 1832, elle fut continuée en 1833, 1834, 1835, et n'eut une espèce de dénouement ostensible qu'en 1836; mais encore, dans cette circonstance, on a trompé le public, car il est maintenant hors de doute que *Naündorff* n'a été envoyé en Angleterre que pour y remplir une mission secrète, et on la devine facilement quand on saura que *Richemont* s'y trouve depuis 1835 !!

Si *Naündorff* n'était pas l'homme de la police, aurait-il répondu, lors de son procès avec *Thomas*, au président qui lui demandait ses noms et prénoms, etc., qu'il se nommait *Charles-Guillaume Naündorff,* etc.? Le président ne lui eût-il pas demandé compte de ses moyens d'existence, comme c'est l'usage dans toutes les causes de ce genre? Richemont, interpellé par le président des assises, le 30 octobre 1834, répond sans hésiter : *Vous me demandez mon nom? L'agitation que cette affaire a produite dans le conseil des ministres, les télégraphes mis en jeu, et les lettres de plusieurs ministres jointes au dossier, vous le disent assez !*

Pourquoi *Naündorff* n'a-t-il pas décliné les noms et qualités qu'il prétend lui appartenir exclusivement lorsque le magistrat l'interrogeait? C'était le moment ou jamais..... C'est parce qu'il savait qu'étant le prussien *Naündorff,* toute autre réponse lui était interdite..... Il y a donc eu une grande différence dans la conduite du gouvernement, par la raison toute simple *que Richemont, le prisonnier du Temple et de Milan,* devait être écrasé, et que *Naündorff, étranger soudoyé,* devait continuer à servir ses maîtres.

Maintenant nul ne peut se tromper sur le but de ces attaques.

Je vous réitère, madame la Baronne, les assurances de ma haute et respectueuse considération.

Ch. De Cenper.

1837.

IMPRIMERIE DE L.-E. HERHAN, RUE SAINT-DENIS, 380,
Passage Lemoine.